TC 14
4º
B

DU DANGER
DES
MAUVAISES LUNETTES
POUR LA VUE
ET DES
MALADIES DES YEUX
Qui en résultent,

CONSEILS INDISPENSABLES A TOUT LE MONDE

PAR

ARTHUR CHEVALIER
INGÉNIEUR-OPTICIEN

Auteur de l'*Hygiène de la vue*, etc., etc.,

Fils, petit-fils et successeur

DE

CHARLES CHEVALIER
ET DE
VINCENT CHEVALIER

La vérité est un coin qu'il faut faire entrer par le gros bout.
(FONTENELLE.)

L'AUTEUR,
158, PALAIS-ROYAL, 158
Galerie de Valois

Ateliers, Cour des Fontaines, 4 bis
Ci-devant quai de l'Horloge.

PARIS
1863

La maison CHARLES CHEVALIER (ARTHUR CHEVALIER, fils et successeur), fondée en 1760 au **quai de l'Horloge**, est la seule du nom de Chevalier ayant reçu des médailles d'or aux expositions; elle n'a d'autre situation aujourd'hui qu'au **Palais-Royal**; ses ateliers de la **Cour des Fontaines** sont visibles chaque jour, de 9 heures du matin à 7 heures du soir. Parmi les objets que l'on y fabrique, nous citerons particulièrement les lorgnettes jumelles pour le théâtre, la marine et les voyages, les appareils de photographie, les microscopes achromatiques, les lunettes terrestres et astronomiques, les verres en crown-glass pur pour la conservation de la vue, les verres teintés, les verres en cristal de roche et tous les instruments pour la physique, l'optique, la chimie, les mathématiques, etc. (Voir le *Catalogue illustré* par 500 dessins.)

En vente:

HYGIÈNE DE LA VUE

PAR ARTHUR CHEVALIER.

INGÉNIEUR-OPTICIEN

fils de

CHARLES CHEVALIER

1 beau vol. in-18 de 354 pages,

Orné de 80 FIGURES noires et coloriées.

Prix, 4 fr.

Cet ouvrage est le plus complet sur l'usage des lunettes et sur les moyens de conserver la vue.

CHEZ HACHETTE ET Cᵉ, LIBRAIRES,
Boulevard Saint-Germain, 77,

Chez les principaux libraires,

Et chez l'Auteur.

DU DANGER
DES
MAUVAISES LUNETTES
POUR LA VUE
ET DES
MALADIES DES YEUX
Qui en résultent.

On ne peut le nier, les lunettes sont rejetées au rang des choses les plus futiles. Faire connaître les conditions dans lesquelles elles doivent être faites, indiquer la manière d'en faire usage, tel est le but de ce petit opuscule.

Tout objet de nécessité première est soumis à l'exploitation du charlatanisme, et les lunettes présentent une source trop féconde d'exploitation pour que l'on n'emploie pas tous les moyens d'abuser de la crédulité publique. C'est ce qui arrive aujourd'hui; car, en matière de lunettes, le charlatanisme est parvenu à son apogée.

C'est au public à faire justice de tout cela, et, avec un peu d'attention, cela est vraiment facile ; nous allons donc donner à chacun les moyens d'éviter les écueils, les moyens d'obtenir des lunettes parfaites et exemptes de tout défaut.

En voyant ce petit livre, peut-être nous accusera-t-on aussi de charlatanisme ; mais il nous semble qu'il nous suffira de spécifier que **le charlatanisme consiste à vanter à outrance des produits de mauvaise nature**, à chercher à décorer de noms plus ou moins singuliers les choses ordinaires, afin d'attirer le public, mais que ceux qui sont à la tête d'importants et anciens établissements, et qui cherchent par tous les moyens possibles à éclairer le public, à lui permettre de vérifier ce qu'ils avancent ; ceux-là, au contraire, cherchent à populariser des notions saines, basées sur la science et la pratique, et qui doivent servir à **confondre le charlatanisme**. C'est ainsi que nous avons compris notre mission, et nous n'avançons rien que nous ne puissions prouver.

La facilité avec laquelle les charlatans exploitent cette importante question tient à l'indifférence du public qui achète des lunettes au hasard, comme s'il achetait l'objet le plus futile. D'ordinaire, si l'on éprouve le besoin de lunettes, on entre dans la première boutique venue, on essaye quelques verres, **puis, en un clin d'œil, l'affaire est terminée, et on emporte avec soi un véritable poison, dont les effets fâcheux se montrent alors qu'un grand mal est déjà fait.**

Il est, du reste, fâcheux que la loi n'intervienne pas, et nous espérons qu'une réforme viendra bientôt mettre un terme à de tels abus, et ne pas permettre **que le premier venu puisse délivrer au public des verres, non-seulement mal** faits, mais mal choisis. Il serait pourtant facile de faire subir un examen à ceux qui doivent fournir des lunettes, et de délivrer des **diplômes de capacité**; le public pourrait alors de suite comprendre la différence qui existe entre **l'opticien véritable et le marchand de lunettes.**

Cette réforme indispensable est demandée depuis bien longtemps. Descartes, Thomin, Beer, Charles Chevalier; de nos jours, MM. les docteurs Desmarres, Magne, Michel Lévy, parlent dans leurs ouvrages de l'importance de la qualité des lunettes. Reveillé-Parise, docteur en médecine, s'exprime ainsi dans son **Hygiène oculaire** : « **Il ne serait peut-être pas indigne de l'attention des magistrats d'étendre leur vigilance sur cet article important de la santé des citoyens.**» Malgré cela, le premier venu délivre des lunettes. Il faut espérer que le monde, devenant plus éclairé, **finira par porter des plaintes sérieuses à l'égard de certains charlatans**, qui compromettent la vue de leurs semblables; et, alors on sera obligé de faire sortir une loi qui protége cette partie de la santé publique. Nous faisons des vœux ardents pour la réalisation de cette organisation.

L'opticien qui s'occupe de la question des lunettes, doit **fabriquer**, ou tout au moins avoir des verres venant de fabriques reconnues bonnes. Il doit aussi connaître l'anatomie de l'œil, la théorie de la vision, les diverses maladies des yeux relatives à l'accommodation, et avoir des connaissances générales sur les affections visuelles, de façon à savoir s'il faut ou non délivrer des lunettes, ou **soumettre la personne à l'examen d'un docteur.**

Mais, hélas ! il ne faut pas croire que ceux qui exploitent les lunettes s'occupent de tout cela ; le savoir se remplace par des mots singuliers, des affiches, et le public se laisse prendre à cela, ne pensant pas qu'il confie sa vue au premier étalagiste de mots qu'il rencontre sur son chemin.

Aujourd'hui, chacun se laisse encore prendre à l'enseigne de l'oculiste-opticien ; **oculiste, pourquoi ? d'où vient ce titre ? Il est pris et non donné.** Les têtes en cire dépouillées, étalées aux vitrines, constituent aussi un moyen d'appât. Ajoutez à cela l'**opticien consultant, l'opticien spécialiste, le cristal épuré, purifié, gradué, convergent, divergent, anglais,** et surtout aussi le **cristal de roche du Brésil,** qui a la faculté de régénérer les vues les plus fatiguées, et vous aurez la série complète des moyens employés pour attirer le public.

Une fois que le monde sera bien persuadé que l'on peut perdre la vue en se servant de mauvaises lunettes, la vérité se fera facilement jour. Je vais donc ici noter quelques maladies des yeux causées par les mauvaises lunettes. Nous placerons en première ligne la **cataracte,** qui peut survenir par l'emploi de verres trop forts ou trop faibles, mais surtout par les verres trop forts. Cela s'explique naturellement en pensant que les verres trop forts, qui congestionnent l'œil, finissent, par suite de cette congestion répétée, à amener un trouble dans la transparence du cristallin.

L'**Amblyopie** et l'**Amaurose**, ou la perte partielle ou totale de la vue, sans altération appréciable pour chacun, se rencontrent à chaque instant chez les personnes qui font usage de lunettes trop faibles ou trop fortes. **Les rétitines, les choroïdites**, rentrent encore dans la même catégorie. Des lunettes dont les verres ne correspondent pas à l'axe visuel peuvent engendrer le **strabisme**. L'usage intempestif des verres concaves dans la myopie détermine la cataracte, et surtout le **staphylome postérieur**, sorte d'hydropisie de l'œil, qui prive de la vue ceux qui en sont atteints. L'usage intempestif des verres colorés occasionne l'amaurose, etc. Je n'en finirais pas, s'il fallait énumérer les maladies des yeux qui surviennent par les mauvaises lunettes, et lorsqu'on dit qu'en s'en servant on peut devenir **AVEUGLE**, on ne peut être taxé d'inexactitude.

La plupart de nos célèbres docteurs insistent dans leurs traités, dans leurs avis, sur l'importance de la qualité des lunettes, et l'opinion de MM. Desmarres, Magne, Blanchet, Sichel, Velpeau, Désormeaux, Frémineau fils, Compérat, Furnari, Courserant, Cusco, Follin, Trélat, etc., ne saurait être douteuse à ce sujet.

Outre la qualité des lunettes dont nous avons parlé, il est de la plus haute importance de se servir **du numéro qu'il faut, ni trop fort ni trop faible**; afin de faciliter cet essai, nous avons introduit des numéros entre ceux existants; c'est-à-dire que dans la série employée il existe de trop grandes différences entre les numéros, ainsi les numéros 27, 22, 19, 17, etc., n'existent pas, nous les avons créés, et par ce fait, rendu facile le choix du numéro. **Nous sommes, du reste, tous les jours, de 2 à 6 heures, à nos ateliers de la Cour des Fontaines, afin de choisir nous-même les numéros qui peuvent convenir, et afin que l'on puisse visiter nos ateliers et voir par soi-même la fabrication que nous allons décrire.**

Tout ce qui est relatif à la question des lunettes, nous l'avons résumé dans notre **Hygiène de la vue**[1], et à l'aide d'un grand nombre de figures, nous avons rendu saisissable tout ce qui se rapportait à ce sujet.

Relativement au choix du numéro et des montures, nous avons créé des appareils spéciaux, qui, joints aux moyens indiqués par la pratique, permettent d'arriver à une précision mathématique.

Voyons maintenant de quelle façon se fabriquent les verres de lunettes, c'est là l'important à connaître, et cette connaissance suffira au public pour s'édifier complétement.

On distingue dans la fabrication du verre deux sortes distinctes :

1° Le crown-glass [2]

2° Le flint-glass [3].

Le crown-glass est du verre fait avec du sable

---

[1] Un vol. in-18 de 354 pages. 80 figures noires et coloriées. Prix, 4 fr. Chez l'auteur, chez Hachette et les principaux libraires.

[2] Ces mots anglais signifient *verre de couronne ;* cette étymologie se rapporte à la fabrication du verre à vitres par le procédé dit *en couronne.*

[3] Ces mots anglais signifient *verre de caillou, cristal.*

et du carbonate de potasse ; c'est un **silicate de potasse**.

Le flint-glass est du verre semblable contenant en outre de l'oxyde de plomb.

Le crown-glass COMMUN sert à faire nos glaces d'appartements, nos verres à éclairer les passages, les vitres de nos fenêtres.

Le flint-glass sert à faire nos objets de cristallerie.

Le crown-glass PUR est fabriqué spécialement pour l'optique et sert aux instruments de précision ; il sort des verreries de MM. Maës, à Clichy ; Guinand, à Paris ; Daguet, à Fribourg.

Le seul verre capable d'être employé pour faire de bonnes lunettes est le crown-glass pur.

Le flint-glass doit être rejeté, car il irise les objets.

Le crown-glass **commun** est **verdâtre**, rempli de bulles, de stries. Le **crown-glass pur** est **blanc**, limpide, sans défauts.

Les verres de lunettes doivent être blancs, la moindre teinte est nuisible pour la vue. On s'assure de la teinte des verres en les posant sur une feuille de papier blanc ; on constate les bulles en les regardant par transparence. La moindre bulle nuit à la vue.

La masse des verres de lunettes est faite en verre à vitres ou crown-glass commun ; sur cent paires livrées au public, il n'en existe pas **deux paires en crown-glass pur**.

Outre le crown-glass **commun** qui est le plus employé, le mode de fabrication le plus répandu est la production à l'aide de la machine à vapeur. Il existe en France cinq ou six fabriques de ce genre, qui produisent 5,000 paires de verres par jour. Les verres sont faits en masse, polis sur du drap enduit de rouge. Les produits résultant de ce travail fournissent des verres verdâtres, dont **le centre de chaque courbure** ne correspond pas à l'axe, de sorte que l'on se place devant les yeux de véritables instruments de torture, et l'on s'étonne que la vue soit compromise !

Les fabriques dont je viens de parler ont des dépôts dans les grandes villes, et c'est là que s'approvisionnent la plupart des marchands de lunettes, qui, pour la plupart, ne savent pas essayer les numéros. Et voilà **de quelle façon se traite l'importante question des lunettes ; c'est au public à juger.**

L'œil est certes le plus délicat de nos organes, peut-il s'accommoder à de tels produits? Qui oserait l'affirmer?

On fait aussi des verres en **crown-glass commun**, travaillés par vingt ou trente à la fois, et polis sur du drap. Ceux-ci sont **passables** et doivent être livrés aux personnes qui ne veulent pas mettre le prix modique affecté aux verres parfaits.

Le croirait on? il existe des verres encore plus pernicieux que ceux fabriqués à la machine à vapeur, ce sont ceux **moulés**, c'est-à-dire n'ayant subi aucun travail; on trouve aussi des verres plats et colorés, découpés dans des feuilles de verre brut. Ces produits sont des poisons, et pourtant la vente en est tolérée.

Les verres doivent être en crown-glass pur, travaillés comme les verres de précision, c'est-à-dire polis un à un au papier et au tripoli, centrés, égaux d'épaisseur; tous les moyens de précision doivent être employés pour les faire. C'est ainsi que nous les fabriquons à nos ateliers de la Cour des Fontaines, et chaque jour on peut vérifier l'exactitude de cette fabrication.

On fabrique aussi des verres polis un à un au papier, mais en crown-glass commun; on n'obtient alors que des verres à moitié parfaits.

Quant à la forme, celle **périscopique** est la meilleure.

Les verres colorés doivent être employés avec beaucoup de discernement; ils doivent être de teinte **enfumé** ou **neutre**, jamais bleus ni verts, sous peine de détruire la vue.

Le cristal de roche est un verre détestable pour les verres de lunettes, il double insensiblement les images, même quand il est bien taillé (perpendiculairement à l'axe des cristaux).

Notons en passant que presque tous les verres vendus sont mal taillés, et pourtant voilà un produit que beaucoup de personnes emploient, croyant se conserver la vue. Puisse cet avertissement faire réfléchir !

Notons aussi que les verres doivent être bien ajustés dans les montures, c'est-à-dire qu'ils doivent être taillés bien également, de façon à ce que le centre du verre occupe le centre de la monture. Ces précautions sont généralement négligées.

En résumé, il faut considérer comme une chose sérieuse le choix des lunettes; il faut pour cela ne s'adresser qu'à des **fabricants sérieux**, dont la réputation est justement acquise. On ne saurait prendre trop de soins pour le choix de la personne à qui l'on confie sa vue. Les moyens sont simples, c'est au public à être attentif. On fera bien surtout d'exiger **la visite des ateliers,** c'est pour la plupart du temps le moyen de voir si l'on s'est bien adressé, ou s'informer comment et à quel endroit sont fabriqués les verres vendus par tel ou tel ; c'est là un puissant moyen de contrôle, puisque la fabrication des verres que l'on emploie constitue la moitié de leurs qualités.

Espérons qu'un jour viendra ou les lunettes seront choisies par des **médecins** et des **opticiens capables et diplômés** ; alors l'humanité y gagnera certes plus qu'on ne pense.

Arthur Chevalier

INGÉNIEUR-OPTICIEN

fils, petit-fils et successseur

DE

CHARLES CHEVALIER

et

VINCENT CHEVALIER

Palais-Royal, 158

Ateliers Cour des Fontaines, 1 bis.

Ci-devant quai de l'Horloge.

Prix des Verres de Lunettes

FABRIQUÉS DANS LES ATELIERS DE

ARTHUR CHEVALIER

Fils, petit-fils et successeur de

CHARLES CHEVALIER

ET DE

VINCENT CHEVALIER

Verres en crown-glass pur travaillés isolément au papier.

PÉRISCOPIQUES.

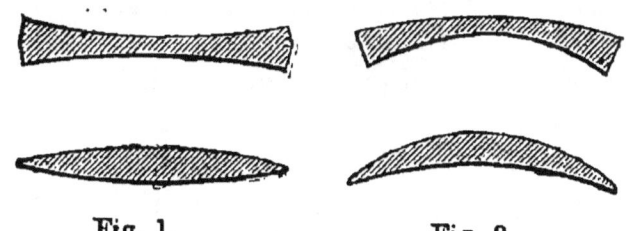

Fig. 2.   Fig. 4.

Fig. 1.   Fig. 3.

Convexes ou concaves,
pour presbytes et myopes.
(Fig. 3 et 4.)

La paire du n° 80 au n° 5................. 6 »
  —   4 1/2 au n° 3............... 7 »
  —   2 1/2 et 2. .... 9 »

Les verres isoscèles (fig. 1 et 2) se payent 1 fr. de moins par paire.

Verres en crown ordinaire travaillés au bloc manuel.

(Choisis et triés.)

Nous avons ces verres pour les personnes qui ne voudraient pas payer le prix affecté aux verres parfaits ; nous les garantissons comme ce qu'il y a de mieux en verres fins, mais leur qualité n'approche pas de celle des verres en crown-glass pur.

Convexes ou concaves,
pour presbytes ou myopes.

(Isoscèles.)

La paire du n° 80 au n° 5.................. 2 »
    —   4 1/2 au n° 3................ 3 »
    —   2 1/2 et 2 .... 4 »

Les verres périscopiques se payent 1 fr. de plus.

Verres en cristal de roche travaillés isolément au papier et taillés perpendiculairement à l'axe (isoscèles).

(Montrant les anneaux colorés.)

La paire du n° 80 au n° 5.................. 15 »
    —   4 1/2 au n° 3................ 20 »
    —   2 1/2 et 2 .... 30 »

Les verres périscopiques, 3 et 5 fr. de plus.

Nous préférons le crown pur.

Montures de lunettes. — Binocles. — Pince-nez. — Lorgnons. — Modèles simples et de luxe.

Verres colorés (teinte enfumée)
(contre la photophobie, etc.)

Ces verres coûtent 1 fr. de plus par paire que ceux non colorés. — Les verres plans, 3 fr. et 5 fr. la paire.

Verres prismatiques
(contre la diplopie.)

Chaque verre prismatique en crown-glass pur......................	6 »

DIVERS.

Lunettes à diaphragme variable de Arthur Chevalier................	20 »
Lunettes à cônes......................	15 »
Lunettes à plaques, contre la mydriase.	15 »
Verres pour la cataracte, etc..........	

Ophthalmoscopes.

Ophthalmoscope ordinaire............	12 »
Ophthalmoscope de M. Desmarres....	15 »
Ophthalmoscope *achromatique* de Arthur Chevalier, avec une lentille....	30 »
Ophthalmoscope, id., avec trois lentilles achromatiques, verres pour la myopie et la presbyopie............	60 »

Trousse optique d'oculiste de Arthur Chevalier.

Trousse complète avec 45 paires de verres convexes et concaves, 6 verres prismatiques, verres colorés, lunette d'essai en acier...	70, 110 et 400 fr.

Voir le Catalogue illustré.

MAISON
CHARLES CHEVALIER

RÉCOMPENSES

1819.	Exposition Nationale.	*Citation favorable.*
1823.	Exposition nationale.	*Mention Honorable.*
1827.	Exposition des Produits de l'Industrie.	*Médaille d'Argent.*
1828.	Athénée des Arts.	*Médaille d'Argent.*
1830.	Société d'Encouragement.	*Médaille d'Argent.*
1834.	Exposition des Produits de l'Industrie.	*Médaille d'Or.*
1834.	Exposition Nationale.	*Médaille d'Argent.*
1834.	Société d'Encouragement.	*Médaille d'Or.*
1835.	Exposition de Valenciennes.	*Mention Honorable*
1837.	Académie de l'Industrie.	*Médaille de Bronze.*
1839.	Exposition des Produits de l'Industrie. Rappel de.	*Médaille d'Or.*
1839.	Société d'Encouragement. Rappel de	*Médaille d'Or.*
1839.	Exposition Nationale.	*Médaille d'Argent.*
1840.	Académie de l'Industrie.	*Médaille d'Argent.*
1841.	Société d'Encouragement.	*Médaille de Platine*
1844.	Exposition des Produits de l'Industrie. Rappel de.	*Médaille d'Or.*
1847.	Société d'Encouragement.	*Médaille d'Argent.*
1849.	Exposition des Produits de l'Industrie. Rap. de.	*Médaille d'Or.*
1850.	Société d'Encouragement.	*Médaille de Platine*
1855.	Exposition Universelle.	*Médaille de 1re Cl.*

Paris.—Imprimerie Bonaventure et Ducessois.

www.ingramcontent.com/pod-product-compliance
Lightning Source LLC
Chambersburg PA
CBHW071448060426
42450CB00009BA/2332